El secreto del manto de oración

JOHN FRANCIS

CASA
CREACIÓN
A STRANG COMPANY

La mayoría de los productos de Casa Creación están disponibles a un precio con descuento en cantidades de mayoreo para promociones de ventas, ofertas especiales, levantar fondos y atender necesidades educativas. Para más información, escriba a Casa Creación, 600 Rinehart Road, Lake Mary, Florida, 32746; o llame al teléfono (407) 333-7117 en Estados Unidos.

El secreto del manto de oración por John Francis
Publicado por Casa Creación
Una compañía de Strang Communications
600 Rinehart Road
Lake Mary, Florida 32746
www.casacreacion.com

A menos que se exprese lo contrario, todas las citas de la Escritura están tomadas de la Santa Biblia Reina Valera Revisión 1960 © Sociedades Bíblicas Unidas, 1960. Usada con permiso.

Originally published in English under the title:
Talit ha Cumi, © 2009 by John Francis
Published by Creation House, A Strang Company, Lake Mary, Florida 32746. All rights reserved.

Traducido por: Belmonte Traductores
Director de diseño: Bill Johnson
Diseño interior por: Jeanne Logue

Library of Congress Control Number: 2009938368
ISBN: 978-1-59979-593-5

Impreso en los Estados Unidos
09 10 11 12 13 * 7 6 5 4 3

Este libro está dedicado a:

- » Mi esposa, Penny, cuya profundidad y riqueza de conocimiento nunca dejan de asombrarme.

- » La profetisa Juanita Bynum, quien me regaló mi primer talit.

- » El rabino James, por su valiosa aportación sobre la religión judía y sus prácticas.

Contenido

Una nota personal

NO ESTARÍA BIEN que comenzara este libro sin mencionar antes brevemente cómo se originó mi interés por la oración. Crecí en un hogar cristiano donde la oración regular era una parte normal de mi vida y rutina diarias. Mi padre, el difunto obispo T. G. Francis, me inculcó la importancia de una vida regular de oración. De niño, nunca llegué a entender del todo o realizar de buena gana las sesiones de oración a las 6 de la mañana a las que, como familia, debíamos asistir cada mañana en el salón de nuestra casa. No había excepciones a esta regla, ¡y en más de una ocasión hubiera cambiado con gusto una hora o dos de rodillas por el calor de mi cama y de mi almohada! Ahora que soy más mayor, me alegro de que mi padre se tomara el tiempo de introducirme en la oración a mi corta edad. Puedo decir honestamente que ha habido muchas ocasiones en mi vida en que he estado muy agradecido de tener un fundamento de oración sobre el que apoyarme en mi caminar cristiano.

Realmente hay poder en la oración, y a medida que pasa cada etapa de mi vida, me doy cuenta de que confío cada vez más en la oración como una parte integral de mi vida. Sé que si no fuera por la oración, yo no estaría vivo hoy. A mi madre le diagnosticaron cáncer antes de que yo naciera. Los doctores les dijeron a mis padres que mi madre tenía un tumor cerebral que no se podía operar y que no viviría mucho más tiempo. Decidieron que no había nada que pudieran hacer por ella, y la enviaron a casa para que muriera allí. La única ayuda que los doctores pudieron darle fueron algunos medicamentos para aliviar el dolor. Mi padre no estaba preparado para aceptar ese final para ella y siguió orando por su sanidad. Si los doctores no podían hacer nada ¡entonces él estaba seguro de que su Dios sí podía! Mi padre no creía que fuera la voluntad de Dios que mi madre muriese, y tras mucha oración y la obediencia de mi padre a la Palabra de Dios, mi madre fue sanada de cáncer. Yo nací después de que mi madre fuese sanada, aunque los doctores advirtieron a mi padre que tener más hijos le podría producir la muerte. Mi padre creía que si Dios permitía que mi madre se quedara embarazada, entonces Él la cuidaría durante su embarazo. Mi madre, Elfreda Francis, desafió a las probabilidades no sólo dando a luz a mi hermana, sino también quedándose de nuevo embarazada y dándome a luz a mí. Mi madre vive hoy día, siendo un testimonio vivo del poder de la oración. He visto cambiar las vidas de muchos de maneras relevantes debido a que veían la oración como una solución real y tangible a sus situaciones imposibles.

Recuerdo hablar en la conferencia Praise Power Conference hace un par de años sobre el tema del *talit*. Mientras predicaba, sentí que el Señor me guiaba a colocar el *talit* que estaba usando durante el servicio sobre una señora de la congregación que estaba sentada en una silla de ruedas. Ella se levantó inmediatamente de la silla de ruedas y comenzó a adorar. Después descubrí que había sido sanada completamente de un cáncer esa noche, y cuando volví a esa misma conferencia al año siguiente todavía se estaba regocijando, seguía completamente sana y ya no necesitaba silla de ruedas.

La oración es poderosa y maravillosa, y mi

deseo es que todos descubramos el gozo, la fuerza y la paz que puede aportarnos una vida dedicada a la oración.

Prefacio

MI VIAJE COMIENZA con la creciente popularidad dentro de la comunidad cristiana de un gran trozo de tapiz de tela que mide aproximadamente dos metros de largo por algo más de un metro de ancho. Sentía curiosidad por esta prenda sagrada que tiene sus raíces en la comunidad judía. Con el paso del tiempo, sentía cada vez más curiosidad por este elemento y su relación con la oración.

Para ser honesto, cuando recibí mi primer manto de oración no estaba realmente seguro de lo que debía hacer con él. Quería usar el manto de oración de la forma correcta y en el momento correcto, pero tenía muchas preguntas: ¿Por qué este hermoso y adornado atuendo estaba tan íntimamente ligado a la oración? ¿Cuál, si tenía alguno, era su significado o vínculo con la Biblia? ¿Sigue siendo relevante hoy día? ¿Cómo se debe usar? ¿Cuándo se debería usar? ¿Estaba permitido que yo, que no era judío, sino gentil, lo usara?

Su vínculo significativo con la Palabra de Dios y la oración fue algo real en mí de una nueva forma después de oír a mi esposa Penny enseñar y predicar durante nuestra conferencia profética de oración y alabanza sobre el manto de oración o, como se llama técnicamente, el *talit*.

Tras oír la enseñanza de mi esposa, me di cuenta de lo estratégicos que eran ciertos versículos. Aunque parecía que no estaban relacionados, de hecho estaban divinamente ligados por Dios. Mis preguntas fueron contestadas; ¡fue algo sorprendente! Nuestra familia había vivido en una comunidad judía durante varios años, y ahora yo veía a mis vecinos con unos ojos nuevos e iluminados. Mediante un trozo de tela, Dios me había revelado una antigua verdad que revolucionaría mi vida de oración.

La enseñanza de este libro ha cambiado mi vida, así como la de otros miles de personas. Espero y oro que también produzca lo mismo en usted.

—Obispo John Francis

Capítulo 1

¿Qué es un talit?

Y Jehová habló a Moisés, diciendo: Habla a los hijos de Israel, y diles que se hagan franjas en los bordes de sus vestidos, por sus generaciones; y pongan en cada franja de los bordes un cordón de azul. Y os servirá de franja, para que cuando lo veáis os acordéis de todos los mandamientos de Jehová, para ponerlos por obra; y no miréis en pos de vuestro corazón y de vuestros ojos, en pos de los cuales os prostituyáis. Para que os acordéis, y hagáis todos mis mandamientos, y seáis santos a vuestro Dios.
—NÚMEROS 15:37-40

Te harás flecos en las cuatro puntas de tu manto con que te cubras.
—DEUTERONOMIO 22:12

¿*L*E SORPRENDERÍA SABER que la muerte de un hombre propició que el Dios Todopoderoso, *YHVH,* ordenara un mandamiento que afectaría a millones de vidas durante miles de años? ¿Le sorprendería saber que Dios ama tanto a su pueblo que consideró una pérdida demasiado grande el que un hombre pecara? Si alguien le dijera que Dios ha diseñado algo para ayudar a su pueblo a no volver a pecar para que no tuviera que castigarles más, ¿querría saber qué es? Si su respuesta es sí, siga leyendo, porque en las páginas de este libro descubrirá una revelación espiritual que cambiará radicalmente su vida.

Comenzamos con la historia de un hombre hebreo que salió en el día de reposo a conseguir leña. Suponemos que necesitaba los palos para hacer una hoguera. Cuando estaba recogiendo los palos, nunca imaginó que ese sencillo hecho le fuera a costar su vida. El problema en sí no fue el hecho de recoger palos, sino el momento. Dios había dado mandamientos a su pueblo, los cuales ellos habían prometido cumplir. Según la Torá (el libro judío de la Ley) Dios dio 613 mandamientos a su pueblo.[1]

La mayoría de la gente tiende a concentrarse sólo en diez de esos mandamientos:

> Y Jehová dijo a Moisés: Escribe tú estas palabras; porque conforme a estas palabras he hecho pacto contigo y con Israel. Y él estuvo allí con Jehová cuarenta días y cuarenta noches; no comió pan, ni bebió agua; y escribió en tablas las palabras del pacto, los diez mandamientos.
> —ÉXODO 34:27-28

> Y él os anunció su pacto, el cual os mandó poner por obra; los diez mandamientos, y los escribió en dos tablas de piedra. A mí también me mandó Jehová en aquel tiempo que os enseñase los estatutos y juicios, para que los pusieseis por obra en la tierra a la cual pasáis a tomar posesión de ella.
> —DEUTERONOMIO 4:13-14

> No tendrás dioses ajenos delante de mí. No te harás imagen, ni ninguna

semejanza de lo que esté arriba en el cielo, ni abajo en la tierra, ni en las aguas debajo de la tierra.

No tomarás el nombre de Jehová tu Dios en vano; porque no dará por inocente Jehová al que tomare su nombre en vano. Acuérdate del día de reposo para santificarlo…

Honra a tu padre y a tu madre…

No matarás.

No cometerás adulterio.

No hurtarás.

No hablarás contra tu prójimo falso testimonio.

No codiciarás la casa de tu prójimo, no codiciarás la mujer de tu prójimo, ni su siervo, ni su criada, ni su buey, ni su asno, ni cosa alguna de tu prójimo.

—ÉXODO 20:3-4, 7-8, 12-17

Cuando Dios entregó sus mandamientos a Moisés, dejó claro que Él había establecido un pacto con Israel y que su pueblo tenía que aprender esas leyes y seguirlas. El día en que este hombre salió a recoger leña, quebrantó uno de los mandamientos de Dios. Dios le había dado un mandamiento a su pueblo de que no debían hacer ningún trabajo en el *Shabbat* (el día de reposo o Shabat) y que debían recordar el Shabat y santificarlo para Él. La gente tiende a estancarse en un día en particular de la semana, pero el estudio detallado ha revelado que, en la Biblia, el Shabat está representado por un cierto día de la semana y tiempos y estaciones del año. La palabra *Shabbat* sencillamente significa "descanso" o "reposo", un tiempo apartado para Dios y su servicio. El pueblo de Dios recibió la orden de recordar sus fiestas y días sagrados y santificarlos.

> He aquí, yo tengo que edificar casa al nombre de Jehová mi Dios, para consagrársela, para quemar incienso aromático delante de él, y para la colocación continua de los panes de la proposición, y para holocaustos a mañana y tarde, en los días de reposo, nuevas lunas, y festividades de Jehová nuestro Dios; lo cual ha de ser perpetuo en Israel.
>
> —2 Crónicas 2:4

Dios había establecido un pacto (una relación con promesa) con su pueblo. Dios había prometido bendecirles tanto a ellos como a sus hijos y a los hijos de sus hijos. Él había prometido proveer para ellos, hacerlos ricos y prósperos, y protegerlos mientras fueran obedientes a sus mandamientos o leyes.

Acontecerá que si oyeres atentamente la voz de Jehová tu Dios, para guardar y poner por obra todos sus mandamientos que yo te prescribo hoy, también Jehová tu Dios te exaltará sobre todas las naciones de la tierra. Y vendrán sobre ti todas estas bendiciones, y te alcanzarán, si oyeres la voz de Jehová tu Dios. Bendito serás tú en la ciudad, y bendito tú en el campo. Bendito el fruto de tu vientre, el fruto de tu tierra, el fruto de tus bestias, la cría de tus vacas y los rebaños de tus ovejas. Benditas serán tu canasta y tu artesa de amasar. Bendito serás en tu entrar, y bendito en tu salir. Jehová derrotará a tus enemigos que se levantaren contra ti; por un camino saldrán contra ti, y por siete caminos huirán de delante de ti. Jehová te enviará su bendición sobre tus graneros, y sobre todo aquello en que pusieres tu mano; y te bendecirá en la tierra que Jehová tu Dios te da. Te confirmará Jehová por pueblo santo suyo, como te lo ha jurado, cuando guardares los mandamientos de Jehová tu Dios, y anduvieres en sus caminos. Y verán todos los pueblos de la tierra que el nombre de Jehová es invocado sobre ti, y te temerán. Y te hará Jehová sobreabundar en bienes, en el fruto de tu vientre, en el fruto de tu bestia, y en el fruto de tu tierra, en el país que Jehová juró a tus padres que te había de dar. Te abrirá Jehová su buen tesoro, el cielo, para enviar la lluvia a tu tierra en su tiempo, y para bendecir toda obra de tus manos. Y prestarás a muchas naciones, y tú no pedirás prestado. Te pondrá Jehová por cabeza, y no por cola; y estarás encima solamente, y no

estarás debajo, si obedecieres los
mandamientos de Jehová tu Dios,
que yo te ordeno hoy, para que los
guardes y cumplas, y si no te apar-
tares de todas las palabras que yo te
mando hoy, ni a diestra ni a siniestra,
para ir tras dioses ajenos y servirles.
—Deuteronomio 28:1-14

Era realmente simple: ellos recibirían todos
los beneficios imaginables mientras fueran
un pueblo santo fiel a Dios. Pero este pobre
hombre quebrantó un mandamiento que
tenía que ver con el día de reposo (Shabbat);
había pecado. Podía haber sido cualquiera
de los mandamientos, pero en esta ocasión
quebrantó el que tenía que ver con el Shabbat.
Está claro en el texto que el pueblo no sabía
lo que hacer con él. Las consecuencias de su
pecado eran graves: la muerte por lapidación.

Y los que le hallaron recogiendo leña,
lo trajeron a Moisés y a Aarón, y a
toda la congregación; y lo pusieron en
la cárcel, porque no estaba declarado
qué se le había de hacer. Y Jehová dijo

a Moisés: Irremisiblemente muera
aquel hombre; apedréelo toda la
congregación fuera del campamento.
Entonces lo sacó la congregación fuera
del campamento, y lo apedrearon, y
murió, como Jehová mandó a Moisés.
—NÚMEROS 15:33-36

La muerte de un hombre era suficiente. Dios
inmediatamente dio a Moisés instrucciones
sobre su vestimenta (Números 15:37-38). El
fatal error de un hombre hizo que Dios pasara
rápidamente a la acción, y le dijo a Moisés
que le dijera al pueblo que pusieran franjas
en los bordes de sus vestidos, y las franjas
debían ser de color azul. Dios explicó que
quería que su pueblo hiciera esto para que, al
mirar a las franjas azules, se acordaran de los
mandamientos que Dios les había dado y los
cumplieran. Él quería que su pueblo recordara
sus leyes y las obedeciera. Dios no quería que
nadie más muriese. Cada vez que llevaban
sus vestidos, muy parecidos a unas túnicas,
verían las franjas azules y se acordarían.
Cada vez que lavasen sus vestidos se acordarían. En cualquier lugar, a cualquier hora

y con cualquier cosa siempre se acordarían de los mandamientos del Señor. Siempre estarían envueltos con su Palabra: el talit.

Originalmente, la palabra *talit* (también *talis*) significaba "túnica" o "manto": una pequeña manta que los hombres llevaban diariamente en la antigüedad. En las cuatro esquinas de esta túnica se añadieron franjas en consonancia con el mandamiento bíblico de Números 15:38-41.

Después de que los israelitas fueron exiliados de la tierra de Israel, como resultado de su dispersión por diferentes tierras, comenzaron a vestirse según las costumbres de los gentiles que los rodeaban. El talit dejó de ser una prenda de diario, y se convirtió en un atuendo religioso —un manto de oración—, el cual sólo se llevaba en los momentos de oración, en casa o en la sinagoga. La sinagoga es un edificio usado para las reuniones judías de adoración, oración y estudio. Reemplazó al antiguo templo o tabernáculo del pueblo de Dios.

El talit es un vestido auténticamente judío. Para describirlo de manera sencilla, es un vestido rectangular con franjas paralelas cruzando la parte más corta. La mayoría de los *talitot* (plural de talit) son blancos con franjas azules o negras. Es importante notar que originalmente se entretejía sin costuras.

El talit tiene franjas llamadas *tzitzit* añadidas a cada uno de sus cuatro bordes, cada una de ellas con un cordón azul. Tiene un cinto o corona para el cuello llamada atarah, que contiene la oración hebrea recitada antes de ponerse el manto. El manto sólo se puede hacer con uno de los siguientes materiales: lino, lana, seda o material sintético (poliéster). El tejido del talit de un levita no se debe mezclar.[2]

Llevar el talit es una práctica espiritual judía derivada de un pasaje de la Torá: Números 15. El talit se conoce popularmente como el manto de oración. En el judaísmo tradicional, los rabinos describen la Torá como "el vestido del alma", y el talit se usa para proteger los rollos de la Torá cuando se trasladan. Un talit antiguo que esté feo, roto o no se pueda usar se dona a la sinagoga o a una librería judaica. Entonces se usa para envolver documentos deteriorados o superfluos, como fotocopias, que incluyan el nombre *YHVH (Adonai)*, el nombre sagrado de Dios en hebreo, para un entierro con dignidad en una *geniza*, una sección de un cementerio judío apartada para este propósito.[3]

Incluso hoy, los judíos dicen que el talit es un símbolo religioso, un manto, un sudario, una carpa, una túnica que envuelve al judío tanto física como espiritualmente en oración y celebración, y en el gozo y el dolor.

El talit se usa en todos los grandes eventos

de la vida judía: la circuncisión, *bar* y *bat mitzvahs*, bodas y funerales.

Un punto interesante que establecer en este momento es que los hombres judíos estrictamente observantes normalmente visten una túnica interior especial de cuatro bordes, llamado *talit katan* ("pequeño talit"), para tener la oportunidad de cumplir este importante *mitzvah* (mandamiento) todo el día. El talit katan se lleva debajo de la camisa, con el tzitzit colgando para que se pueda ver.

El *talit gadol* es el talit grande que se lleva durante las oraciones. Debería ser lo suficientemente grande como para cubrir la mayor parte del cuerpo de la persona que lo viste.

Es importante notar que no es el manto en sí lo que hace especial al talit. El significado está en el tzitzit, las franjas de los cuatro bordes. El propósito del talit, entonces, es sostener los tzitzit, y el propósito de los tzitzit según la Torá es el de recordarnos los mandamientos de Dios.

Capítulo 2

¿Qué es el tzitzit?

*E*N LA ANTIGÜEDAD, a los hebreos se les pedía llevar borlas colgantes como un recordatorio visual constante para fortalecer la santidad en sus vidas recordando y practicando los mandamientos de Dios (de YHVH) (Números 15:37-40; Deuteronomio 22:12).

Las borlas debían atarse a las cuatro esquinas del manto para recordarles a los israelitas los mandamientos de *YHVH*. Esto tenía el fin de asegurar un símbolo de los mandamientos constantemente ante sus ojos. Por tanto, al mirar el talit con su tzitzit, los judíos se acordaban de los mandamientos. Está escrito en la Torá: "Para que cuando lo veáis os acordéis de todos los mandamientos de Jehová, para ponerlos por obra" (Números 15:39).

Cuando aparece la palabra *fleco* en las escrituras se traduce como "borla" o "hilo entretejido; por tanto, las borlas estaban hechas de hilo blanco y azul entretejido y sujetadas a cada esquina del manto. Otra traducción para la palabra tzitzit es "alas", pero lo discutiremos con más detenimiento en otro capítulo.

El color azul del tzitzit se usaba para recordar a los judíos el origen celestial de la Ley. Es interesante notar cómo el hilo azul sirve de recordatorio.

A través de las Escrituras podemos ver, con estudio, que *YHVH* diseñó toda su creación para ayudar a revelarse a sí mismo al hombre. Jesús, el Hijo de Dios (*Yeshúa*), enseñó verdades espirituales usando cosas físicas comunes que había a su alrededor para ayudar a sus discípulos a entender los principios del reino. Asimismo, cuando se escribieron las Escrituras, *YVHV* se aseguró de que sus historias contuviesen verdades del ámbito físico. Estas historias, narradas en el lenguaje hebreo, estaban todas entretejidas para dibujar cuadros que retrataran las verdades espirituales que Él diseñó para que nosotros las conociéramos. Normalmente, estos cuadros se presentan en algún momento dado, y luego, a través de una revelación progresiva, podemos ver que están construidos sobre el resto de las

Santas Escrituras. Estos cuadros se pueden desvelar con un cuidadoso estudio, y esta es una parte esencial de ser capaz de "usar bien la palabra de verdad" (2 Timoteo 2:15).

Por tanto, para entender el significado del color azul usado en el tzitzit tenemos que recordar que las franjas son un recordatorio dado por *YVHV* a su pueblo. El tipo de azul celeste usado en las franjas se llama *tjelet* en hebreo.[1] *Tjelet* también se traduce como el "color de los cielos"; así pues, el *tjelet* sirve como un recordatorio de que el pueblo de Dios es nacido de arriba y está llamado a reflejar la naturaleza de ese reino celestial mientras vivamos aquí en la tierra.

El hilo azul *tjelet* originalmente tenía un matiz púrpura de azul. Se extraía de la glándula de un caracol en concreto. La única fuente era una glándula pequeña en el caracol *Murex trunculus*. Se necesitaban doce mil caracoles para llenar un dedal de tinte azul.[2]

El azul es un color que se encuentra hoy día fácilmente, así que es difícil imaginar que durante todo el periodo bíblico, el azul fuera el color más caro de producir. Por eso estaba sólo reservado para la realeza. En el año

200 a.C., medio kilo de ropa tintada de azul costaba el equivalente a 36,000 dólares. En el año 300 d.C., este mismo kilo de ropa azul costaba 96,000 dólares.[3] Con esto podemos ver que Lidia, la vendedora de púrpura y una de las primeras convertidas al cristianismo, era una de las mujeres más ricas del imperio.

> Entonces una mujer llamada Lidia, vendedora de púrpura, de la ciudad de Tiatira, que adoraba a Dios, estaba oyendo; y el Señor abrió el corazón de ella para que estuviese atenta a lo que Pablo decía.
>
> —HECHOS 16:14

Tras algún tiempo, el secreto de este tinte azul se perdió, y por eso generalmente la costumbre se quedó en usar sólo flecos blancos. Recientemente, un grupo de investigadores en Israel ha afirmado que han sido capaces de identificar esta rara especie de caracol (*Murex trunculus*), y de nuevo se ha comenzado a fabricar el tinte azul.[4] Sin embargo, es importante notar que no todo el mundo acepta esto como el tjelet original, pero cada vez más gente pone un hilo azul entre los flecos de su talit.

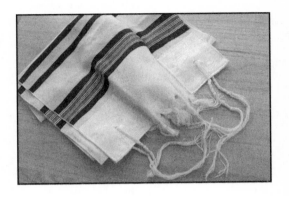

Atar el tzitzit es un arte judío, el cual se podría describir como una forma especializada de macramé. El macramé es el arte antiguo de atar nudos.[5] Es una forma alternativa de hacer textiles, usando nudos en vez de entretejer o tricotar. Sus nudos principales son el nudo cuadrado y los nudos de vuelta de cabo. Ha sido usado por marineros, especialmente en formas elaboradas, para decorar las herramientas de su comercio.

Se insertan cuatro hilos a través de un ojal reforzado en cada esquina del talit: tres hilos cortos y uno largo de color azul. El más largo se llama el *shamash* y se usa para envolver a los demás hilos. Cuando se hace correctamente, el tzitzit tendrá un patrón de 7-8-11-13 veces entre los dobles nudos. Hay en total cinco nudos dobles.[6]

Es importante notar que el patrón de 7-8-11-13 es significativo. Hay varias interpretaciones para este patrón. Una interpretación es que cada conjunto corresponde a una de las cuatro letras del nombre de Dios.[7] Siete y ocho suman quince, lo cual en *gematría* (la numerología hebrea) es igual a las dos letras *yod* y *hei*, las primeras dos letras del nombre de Dios. Once es el equivalente de *vav* y *hei*, las dos últimas letras del nombre de Dios.

Así pues, representan *YHVH*, el nombre de cuatro letras de Dios. Trece es el equivalente a la palabra hebrea *echad (alef, jet, dálet)*, que significa uno. Por tanto, las cuatro vueltas se pueden interpretar como diciendo: "Dios es uno", así que mirar el tzitzit es recordar y saber que "Dios es Uno".

En gematría, el tzitzit (deletreado *tsadi-yod-tsadi-yod-tav*) es equivalente a seiscientos. A esto sumamos los ocho hilos más los cinco nudos, y hace un total de 613. Según la tradición judía, Dios dio 613 *mitzvot* (mandamientos) en la Torá. Por tanto, al mirarlo recordamos todo el mitzvot.

El mandamiento central que rodea al tzitzit es:

> Para que cuando lo veáis os acordéis de todos los mandamientos de Jehová, para ponerlos por obra.
> —NÚMEROS 15:39

Capítulo 3

¿Qué es el atarah?

EL TALLITOT NORMALMENTE tiene un adorno artístico de algún tipo a lo largo de la parte del cuello. El adorno o cinta se conoce como *atarah* (corona). No hay un significado religioso concreto para el atarah; simplemente le ayuda a ponerse el talit correctamente. Sin embargo, es una práctica común escribir las palabras de la bendición para poner el talit en el atarah, pudiendo así leer la bendición mientras se coloca el talit.

Es importante notar que los rabinos no bendicen el *talit* (ni ningún otro objeto de la religión judía). Por regla general, la persona que usa el *talit* pronuncia una bendición antes de ponérselo.

Los siguientes son ejemplos de bendiciones (*berachah*) que se pueden encontrar bordadas en el atarah. Deberíamos subrayar en este momento que estas bendiciones por lo general nunca se dicen en voz alta a menos que la persona lleve puesto su talit.

Bendición tradicional

> *Bendito eres Señor y Dios, Rey del Universo, quien nos ha santificado con sus mandamientos y nos ha ordenado envolvernos en el tzitzit.*

Transliteración:

> *Baruj atah Adonai, Eloheinu, melekh ha'olam asher kiddeshanu bemitsvotav vetsivanu lehitattef batsitsit.*[1]

Bendición mesiánica

Bendito eres Señor, Rey del Universo, que ha cumplido toda la ley a través de Yeshúa el Mesías y nos ha cubierto con su justicia.

Transliteración:

Baruj atah Adonai, Eloheinu, melekh ha'olam asher milla et kol hatorah biyashu hamashiaj ikissa et kulanu vetsedkato.[2]

Es importante notar que si una bendición está escrita en su talit, no debería llevar el talit al baño con usted. Los escritos sagrados no se deben llevar al baño. En la comunidad judía, muchas sinagogas tienen una percha fuera del baño para el talit. Normalmente habrá un letrero diciéndole que se quite su talit antes de entrar.

Capítulo 4

El uso de un talit

UN TALIT NORMALMENTE lo lleva un judío que tenga la "mayoría de edad" (mandamiento de edad). La mayoría de edad es parecido a la "edad de la madurez" en otras culturas. En la mayoría de las comunidades judías, esta sería la edad de trece años para un niño (*bar mitzvah*) y la edad de doce años para una niña (*bat mitzvah*). (Estos términos se refieren tanto al individuo que alcanza esta edad como a la ceremonia que a menudo acompaña a este hito.)[1] Esta es la edad en la que a una persona joven se le reconoce como adulta.

Es importante observar que, tradicionalmente, el talit sólo lo llevaban los hombres, pero con el desarrollo de los movimientos no ortodoxos (conservadores y reforma), cada vez más mujeres llevan un talit para la oración.

Es una práctica tradicional llevar el talit sólo durante las oraciones de la mañana, con la excepción del servicio *Kol Nidre* durante el Yom Kipur.[2]

El Yom Kipur es el Shabat de Shabats y se guarda el décimo día del mes hebreo de Tishri, que corresponde a septiembre o primeros de octubre en el calendario secular. Es la fiesta judía del Día de Expiación al que hacen referencia Éxodo 30:10, Levítico 16:29-30, Levítico 23:27-31, Levítico 25:9 y Números 29:7-11.

> También habló Jehová a Moisés, diciendo: A los diez días de este mes séptimo será el día de expiación; tendréis santa convocación, y afligiréis vuestras almas, y ofreceréis ofrenda encendida a Jehová. Ningún trabajo haréis en este día; *porque es día de expiación*, para reconciliaros delante de Jehová vuestro Dios.
>
> —LEVÍTICO 23:26-28,
> ÉNFASIS AÑADIDO

El día se conmemora con una fiesta de veinticinco horas (especificada como veinticinco horas y no veinticuatro para asegurarse de que la fiesta comience antes de que comience el Shabat). Las personas no pueden comer ni beber, ni siquiera agua, y deben participar de una intensa oración. Está considerada la fiesta más sagrada del año judío. También es importante notar que el Yom Kipur es un Shabat completo, así que está prohibido trabajar en este día. El ayuno comienza antes del anochecer, la tarde antes de Yom Kipur y termina después del anochecer del día de Yom Kipur.

Es un día apartado para "afligir el alma", para redimir los pecados del año pasado. De forma simple, el Yom Kipur es el día para pedir perdón por las promesas rotas a Dios. Se debería notar que el día antes está reservado para pedir perdón por las promesas rotas entre las personas.

Además de las restricciones ya mencionadas, las siguientes cosas también están prohibidas durante el Yom Kipur: ungir con perfumes o lociones, relaciones matrimoniales, bañarse y vestir zapatos de piel.

El servicio de la tarde que da comienzo a Yom Kipur se conoce comúnmente como *Kol Nidre*, que significa "todos los votos". Es durante este primer servicio cuando se lleva el talit.

Según la tradición judía, el acto de ponerse

el talit sólo tiene "valor religioso" si se hace a la luz del día. Por tanto, normalmente no se lleva en el servicio del viernes por la noche ni en ningún otro servicio.

Se hizo costumbre ponerse un talit para el Kol Nidre porque todavía había luz del día cuando comenzaba el servicio. El talit se dejaba puesto durante toda la tarde del servicio del Yom Kipur.

Por tanto, aunque es tradicional que el talit sólo se lleve durante la oración de la mañana (durante la luz del día), la excepción del Kol Nidre se acepta junto con otras dos ocasiones, una es el servicio de la tarde del *Simchat Torá* ("Gozándose en la Torá"). Esta fiesta marca el término del ciclo anual de las lecturas semanales de la Torá con servicios especiales la noche del viernes que incluyen lecturas de la Torá cuando se quitan los rollos de la Torá del arca del pacto.[3]

En tiempos bíblicos los hombres judíos llevaban el manto de oración todo el tiempo, y no sólo para orar. En tiempos del Nuevo Testamento, la gente común llevaba un talit sólo en ocasiones especiales, si es que lo llevaban. Eran los fariseos los que parecía que lo llevaban regularmente y, parece que en algunos casos, para aparentar. Jesús no expresa desaprobación por la costumbre en sí, pero condena los flecos extra largos que llevaban los fariseos para mostrar su piedad, declarándoles hipócritas y, por tanto, un mal ejemplo.

> Y cuando ores, no seas como los hipócritas; *porque ellos aman el orar en pie en las sinagogas y en las esquinas de las calles, para ser vistos de los hombres*; de cierto os digo que ya tienen su recompensa. Mas tú, cuando ores, entra en tu aposento, y cerrada la puerta, ora a tu Padre que está en secreto; y tu Padre que ve en lo secreto te recompensará en público.
>
> —MATEO 6:5-6,
> ÉNFASIS AÑADIDO

Entonces habló Jesús a la gente y a sus discípulos, diciendo: En la cátedra de Moisés se sientan los escribas y los fariseos. Así que, todo lo que os digan que guardéis, guardadlo y hacedlo; mas no hagáis conforme a sus obras, porque dicen, y no hacen. Porque atan cargas pesadas y difíciles de llevar, y las ponen sobre los hombros de los hombres; pero ellos ni con un dedo quieren moverlas. Antes, hacen todas sus obras para ser vistos por los hombres. Pues ensanchan sus filacterias, *y extienden los flecos de sus mantos.*

—MATEO 23:1-5,
ÉNFASIS AÑADIDO

Todo lo hacen para que la gente los vea: Usan filacterias grandes *y adornan sus ropas con borlas vistosas.*

—MATEO 23:5, NVI,
ÉNFASIS AÑADIDO

Las palabras *filacterias* o *tefilin* no aparecen en el Antiguo Testamento. Las *filacterias* aparecen sólo una vez en el Nuevo Testamento. La palabra *filacteria* se traduce de la palabra griega *fulakterion,* que significa una caja guardada o una bolsa de piel,[4] usada en los casos anteriores para llevar los rollos de los pasajes de la Torá.

Teniendo en cuenta estos versículos, deberíamos asegurarnos de que el talit se lleve por los motivos correctos del corazón para obtener todo el beneficio espiritual de esta tradición sagrada.

Llevar un talit sigue siendo relevante en la actualidad cuando considera todo lo que hemos aprendido hasta aquí. Cuando usted se envuelve en el manto de oración durante la oración, crea su propio espacio personal alrededor de usted mismo. La razón por la que es bueno crear este espacio privado es la de aislarse del entorno y poder concentrarse. Al hacer esto, usted simbólicamente fortalece su compromiso con su tiempo de oración.

Llevar un talit es bastante claro. Abra o despliegue su talit y sosténgalo con ambas manos para que pueda ver el atarah. Recite la bendición, y después de recitarla ponga el manto sobre sus hombros como una capa y junte sus manos brevemente delante de su cara, cubriendo su cabeza durante un momento de meditación privada. Después ajuste el talit de manera cómoda sobre sus hombros.

Si el manto de oración tiene la bendición tradicional en el atarah, es costumbre besar los extremos de la banda donde están escritas la primera y la última palabra de la bendición.

Si piensa llevar un talit, hay varios versículos en los que puede meditar. Los siguientes versículos del Salmo 104 son muy populares y se dicen a menudo:

> Bendice, alma mía, a Jehová. Jehová Dios mío, mucho te has engrande-cido; Te has vestido de gloria y de magnificencia. El que se cubre de luz como de vestidura, que extiende los cielos como una cortina.
>
> —SALMO 104:1-2

> Bendice, alma mía, a Jehová. Jehová Dios mío, mucho te has engrande-cido; Te has vestido de gloria y de magnificencia. El que se cubre de luz como de vestidura, que extiende los cielos como una cortina, que esta-blece sus aposentos entre las aguas, el que pone las nubes por su carroza, el que anda sobre las alas del viento... ¡Cuán innumerables son tus obras, oh Jehová! Hiciste todas ellas con

sabiduría; La tierra está llena de tus beneficios…Sea la gloria de Jehová para siempre; Alégrese Jehová en sus obras. El mira a la tierra, y ella tiembla; Toca los montes, y humean. A Jehová cantaré en mi vida; A mi Dios cantaré salmos mientras viva. Dulce será mi meditación en él; Yo me regocijaré en Jehová. Sean consumidos de la tierra los pecadores, y los impíos dejen de ser. Bendice, alma mía, a Jehová. Aleluya.

—Salmo 104:1-3, 24, 31-35

Capítulo 5

El talit: la cubierta

$\mathcal{E}$N LA CULTURA del Oriente Medio es tradicional que el hombre eche un manto sobre la persona con la que se quiere casar. Esto lo podemos ver claramente demostrado en el libro de Rut, cuando Rut se postra a los pies de Booz.

> Y aconteció que a la medianoche se estremeció aquel hombre, y se volvió; y he aquí, una mujer estaba acostada a sus pies. Entonces él dijo: ¿Quién eres? Y ella respondió: Yo soy Rut tu sierva; extiende el borde de tu capa sobre tu sierva [tómame por esposa], por cuanto eres pariente cercano.
> —RUT 3:8-9, ÉNFASIS AÑADIDO

El talit a menudo se usa como una cubierta o cobijo. La novia y el novio se cubren con el talit durante una ceremonia de bodas judía (tradicionalmente llamada *Kiddushin*).[1] Forma una carpa bajo la cual se lleva a cabo toda la fiesta de bodas. La ceremonia de bodas se desarrolla bajo el talit. El talit se sostiene arriba durante la ceremonia con cuatro postes llamado *jupá* o *huppa*. Es una costumbre que los buenos amigos sostengan los postes de la jupá. En algunas familias existe la costumbre de hacer una jupá familiar y pasarla de generación en generación (en vez del vestido de novia). La jupá representa el hogar que ellos crearán juntos y la Presencia divina bajo la que se casarán.

Durante la bendición final, la pareja es envuelta en dos talitot que se colocan alrededor de sus hombros. En algunas comunidades, la novia y el novio son envueltos juntos con un sólo talit, y en otros el novio cubre a su novia con su talit, dando a entender que él se hará cargo de ella.

El novio seguirá usando el talit en su vida de casado y tendrá la esperanza de presentárselo a un futuro hijo en su *bar mitzvah*. También, a menudo los niños nacidos de la pareja serán arropados en el mismo talit cuando les pongan sus nombres.

También existe la costumbre de que la novia presente al novio con un talit el día de la boda. Esto es debido a que el talit también representa el número treinta y dos, que es el número de flecos del manto. El número treinta y dos es el equivalente numérico de la palabra hebrea para *corazón*.[2]

Capítulo 6

El talit: el manto

COMO HEMOS MENCIONADO previamente, al talit también se le llama vestimenta, túnica, abrigo o manto. Sabemos que era un mandamiento de Dios que las cuatro esquinas de la túnica tuvieran el tzitzit para que el pueblo de Dios se acordara constantemente de obedecer su Ley. Cuando tomamos nota de estos hechos, podemos empezar a ver varios lugares en las Escrituras donde se hace referencia al talit, y las implicaciones o relevancia de los eventos que tienen lugar.

Por ejemplo, en 1 Samuel 15:26-28 leemos sobre el profeta Samuel cuando éste está informando a Saúl que ya no será más rey de Israel.

> Y Samuel respondió a Saúl: No volveré contigo; porque desechaste la palabra de Jehová, y Jehová te ha desechado para que no seas rey sobre Israel. Y

volviéndose Samuel para irse, *él se asió de la punta de su manto, y éste se rasgó.* Entonces Samuel le dijo: Jehová ha rasgado hoy de ti el reino de Israel, y lo ha dado a un prójimo tuyo mejor que tú.

—1 SAMUEL 15:26-28,
ÉNFASIS AÑADIDO

Claramente, no es coincidencia que Saúl en su angustia se agarrara del manto de Samuel, o más específicamente, de la punta del manto (que representa la Ley de Dios), que se traduce como "ala": el *tzitzit*. Él se agarró tan fuertemente, que el manto de Samuel se rasgó. Samuel deja claro que como Saúl rechazó la Palabra del Señor o el mandamiento de Dios, él había sido rechazado como rey. Además, al igual que él rasgó el manto, el reino también sería rasgado de él.

Hay también la sugerencia en las Escrituras de que el manto es transferido o pasado a un sucesor, hijo, familiar designado o siervo.

Y el que escapare de la espada de Hazael, Jehú lo matará; y el que

escapare de la espada de Jehú, Eliseo
lo matará. Y yo haré que queden en
Israel siete mil, cuyas rodillas no se
doblaron ante Baal, y cuyas bocas no
lo besaron. Partiendo él de allí, halló
a Eliseo hijo de Safat, que araba con
doce yuntas delante de sí, y él tenía la
última. *Y pasando Elías por delante
de él, echó sobre él su manto.*

—1 Reyes 19:17-19,
ÉNFASIS AÑADIDO

En 1 Reyes 19 Dios le habla a Elías y deja
claro que su sucesor será Eliseo; así pues,
Elías va y encuentra a Eliseo y echa sobre él
su manto. Eliseo reconoce el llamado de Dios
sobre su vida y deja todo para seguir a Elías.
Cuando el ministerio de Elías llega a su fin, la
unción que viene a reposar sobre Eliseo es la
de Elías y el manto de Elías (2 Reyes 2:8, 13-
15). Muchos creen que el manto de Elías era
simbólico del poder de la oración con el que
Elías lo había saturado.

Tomando entonces Elías su manto,
lo dobló, y golpeó las aguas, las

cuales se apartaron a uno y a otro lado, y pasaron ambos por lo seco. *Alzó luego el manto de Elías que se le había caído, y volvió, y se paró a la orilla del Jordán. Y tomando el manto de Elías que se le había caído, golpeó las aguas*, y dijo: ¿Dónde está Jehová, el Dios de Elías? Y así que hubo golpeado del mismo modo las aguas, se apartaron a uno y a otro lado, y pasó Eliseo. Viéndole los hijos de los profetas que estaban en Jericó al otro lado, dijeron: *El espíritu de Elías reposó sobre Eliseo*. Y vinieron a recibirle, y se postraron delante de él.

—2 Reyes 2:8, 13-15,
énfasis añadido

Las palabras de Zacarías en las Escrituras que siguen son particularmente profundas, demostrando que todas las naciones recibirán y honrarán la Palabra del Señor o el mandamiento de Dios, que se muestra por medio de la gente tomando el manto como se menciona en Zacarías 8. La mayoría de los puntos de referencia judíos (como las fuentes rabínicas, sabios a lo largo de los siglos, y escritos y comentarios judíos) señalan el hecho de que los mandamientos o Ley fueron dados a los judíos. Por eso, el talit, y más aún el tzitzit, están considerados en muchos círculos como algo no relevante para los gentiles (no judíos).[1] Sin embargo, yo creo que esta porción de las Escrituras nos demuestra que los cristianos de todo el mundo, de todas las naciones y lenguas, serán atraídos al lenguaje de antaño de Dios y, por tanto, a las verdades de antaño que por lo general se han tenido poco en cuenta.

> Y vendrán los habitantes de una ciudad a otra, y dirán: Vamos a implorar el favor de Jehová, y a buscar a Jehová de los ejércitos. Yo también iré. Y vendrán muchos pueblos y fuertes naciones a buscar a Jehová de los ejércitos en Jerusalén, y a implorar el favor de Jehová. Así ha dicho Jehová de los ejércitos: En aquellos días acontecerá que diez hombres de las naciones de toda lengua *tomarán del manto a un*

judío, diciendo: Iremos con vosotros,
porque hemos oído que Dios está
con vosotros.

—Zacarías 8:21-23,
énfasis añadido

No es coincidencia que tantos no judíos
hayan comenzado un viaje de descubrimiento
que literalmente aporta vida a las Escrituras.

En la comunidad judía también se usa un
tipo de manto para cubrir y guardar la Torá
cuando no se está leyendo. La Torá está escrita a
mano en hebreo, el lenguaje judío más antiguo.
También se le llama la Ley de Moisés (*Torat
Moshe*). La Torá principalmente se refiere a
los cinco primeros libros de la Biblia hebrea:
Génesis, Éxodo, Levítico, Números y Deuteronomio. La Torá también se conoce como
los Cinco Libros de Moisés o el *Pentateuco* (en
griego "cinco contenedores", que se refiere a
las cajas de los rollos en las que se guardan los
libros). Para los judíos, la Torá fue tradicionalmente aceptada como la palabra literal de Dios
según le habló a Moisés. Se lee una porción de
ella cada semana en la sinagoga. Se tarda un
año en terminar las lecturas.[2]

El manto de la Torá normalmente está hecho de tejidos de lujo con un bordado intrincado que generalmente es simbólico de los eventos clave de la historia judía, demostrando el estilo único del arte judío.

El único uso del manto de la Torá es cubrir y proteger la Torá que contiene. Tradicionalmente, la Torá se guarda en un área separada con una cortina conocida como el arca de la Ley. El rabino alza la Torá y su manto de su lugar delante de la congregación.

La creación comenzó con el mandamiento de Dios: "Sea la luz", entendiéndose como el comienzo de la luz divina de Dios en el mundo (Génesis 1:3). Parece lógico que la Torá a menudo se describa en imágenes como luz. Por ejemplo, *Torá Ora* significa "la enseñanza de luz".[3]

Uno se puede llegar a preguntar por qué mencionar el manto de la Torá, si está claro en el estudio que es completamente diferente del talit. La importancia es simple. El propósito principal del talit es sostener el tzitzit. El propósito principal del tzitzit es recordarnos los mandamientos de Yahvé. Por tanto, parece oportuno asegurarnos de que entendemos cuáles son los mandamientos de Yahvé, o al menos saber dónde podemos encontrarlos, ya que la Torá contiene la Ley de Dios.

Capítulo 7

El talit: una tiendecita

*L*A PALABRA *TALIT* a menudo se traduce como "tienda pequeña"; sin embargo, esto no es correcto, ya que *tal* significa "rocío"[1] y la palabra hebrea para "pequeña" es *qatan*.[2] Por tanto, una interpretación literal de *talit* como "tienda pequeña" no es apropiada. No obstante, desde un punto de vista etimológico sí podemos aceptar esta frase. En el hebreo mishnaico la palabra *talit* significa "cubrir", del hebreo *tilel* (cubrir); del arameo *talel*, también significa "cubrir"; y de la palabra *telal*, que significa "sombra", que tiene raíces semíticas.[3] Considerando la peculiaridad de este lenguaje, podemos ver que a lo largo de los siglos la práctica de llevar el talit ha sido ampliamente aceptada en la mayoría de los círculos judíos como simbólico de que quien lo lleva está encerrado en su propia tiendecita. El tabernáculo de reunión o Tabernáculo, como era conocido, no podía albergar a más de seis millones de judíos a la vez, por lo que el talit les servía como su propio santuario particular donde podían reunirse con Dios.

Cada hombre tenía su propio manto de oración, o talit. Cada hombre podía ponerse el talit sobre la cabeza, formando una tienda, donde podía comenzar a cantar canciones hebreas y clamar a Dios. Era algo íntimo, privado y apartado de todo el mundo, permitiéndoles a los hombres enfocarse totalmente en Dios. ¡Sus talitot eran sus cuartos de oración!

Se ha dicho a menudo que cuando Balaam bendijo a Israel, miró desde la montaña y vio al pueblo de Dios descansando en sus tiendas y en sus talitot y fue movido a hablar de manera profética.

> Cuando vio Balaam que parecía bien a Jehová que él bendijese a Israel, no fue, como la primera y segunda vez, en busca de agüero, sino que puso su rostro hacia el desierto; y alzando sus ojos, *vio a Israel alojado por sus tribus*; y el Espíritu de Dios vino sobre él. Entonces tomó su parábola,

y dijo: Dijo Balaam hijo de Beor, y
dijo el varón de ojos abiertos; dijo
el que oyó los dichos de Dios, el
que vio la visión del Omnipotente;
caído, pero abiertos los ojos: *¡Cuán
hermosas son tus tiendas, oh Jacob,
tus habitaciones, oh Israel!*

—NÚMEROS 24:1-5,
ÉNFASIS AÑADIDO

Los eruditos también comentan sobre la
ocupación del apóstol Pablo (*Sha'ul*), que era
un fariseo judío y también hacedor de tiendas.
Como el tzitzit normalmente se ata bajo la
supervisión de un rabino, muchos creen que
él hacía talitot: tiendas de oración y no tiendas
en donde vivir.[4]

Así pues, vemos que cuando el atarah
(cuello) se ponía sobre la cabeza, formaba una
tiendecita: un pequeño tabernáculo. Cuando
el individuo meditaba, oraba y cantaba, a
menudo las manos las ponía fuera y en alto.
Esto hacía parecer que el talit tenía alas.
Vamos a hablar de las "alas del talit" en el
siguiente capítulo.

Capítulo 8

El talit: las alas

$\mathcal{A}$LAS CUATRO ESQUINAS de un talit con sus flecos también se les llama las alas del talit. Cuando se coloca el atarah sobre la cabeza, éste forma la propia tienda de la persona. Las alas del manto se forman cuando la persona saca los brazos y los levanta.

En Números 15:38, la palabra *borde* o *esquina* se traduce de la palabra hebrea del Antiguo Testamento *kanaf*, que también significa "alas". Por esta razón, las esquinas del manto de oración a menudo se llaman alas. La palabra hebrea *kanaf* aparece en el Salmo 91 donde se anima al pueblo de Dios a "morar bajo la sombra del Omnipotente" y también a confiar en la protección que hay "bajo sus alas".

> El que habita al abrigo del Altí-
> simo morará bajo la sombra del

Omnipotente. Diré yo a Jehová: Esperanza mía, y castillo mío; mi Dios, en quien confiaré. El te librará del lazo del cazador, de la peste destructora. Con sus plumas te cubrirá, *y debajo de sus alas (kanaf) estarás seguro*; escudo y adarga es su verdad.

—SALMO 91:1-4,
ÉNFASIS AÑADIDO

En Ezequiel 16:4-8, la palabra *manto* también se puede traducir por "ala", que es la palabra hebrea usada en Números 15. En Ezequiel 16 el Señor habla a su pueblo en un gráfico pasaje diciendo:

Y en cuanto a tu nacimiento, el día que naciste no fue cortado tu ombligo, ni fuiste lavada con aguas para limpiarte, ni salada con sal, ni fuiste envuelta con fajas. No hubo ojo que se compadeciese de ti para hacerte algo de esto, teniendo de ti misericordia; sino que fuiste arrojada sobre la faz del campo, con

menosprecio de tu vida, en el día
que naciste. Y yo pasé junto a ti, y
te vi sucia en tus sangres, y cuando
estabas en tus sangres te dije: ¡Vive!
Sí, te dije, cuando estabas en tus
sangres: ¡Vive! Te hice multiplicar
como la hierba del campo; y creciste
y te hiciste grande, y llegaste a ser
muy hermosa; tus pechos se habían
formado, y tu pelo había crecido;
pero estabas desnuda y descubierta.
Y pasé yo otra vez junto a ti, y te
miré, y he aquí que tu tiempo era
tiempo de amores; *y extendí mi
manto [kanaf] sobre ti, y cubrí tu
desnudez*; y te di juramento y entré
en pacto contigo, dice Jehová el
Señor, y fuiste mía.

—EZEQUIEL 16:4-8,
ÉNFASIS AÑADIDO

Cuando consideramos la interpretación
de manto como alas, el significado de este
pasaje de las Escrituras se aclara. El Señor está
hablándole a su pueblo narrando que cuando
se convirtieron en una nación, eran odiados

por las naciones paganas que les rodeaban. Eran inmaduros y estaban corrompidos por sus pecados, pero Él habló una Palabra a su pueblo, declarando que vivirían. Cuando esa palabra fue declarada, el pasaje muestra cómo el pueblo de Dios aumentó en número, riqueza y gloria. Podemos ver que, independientemente de la condición de su pueblo, Dios no se olvidó de ellos sino que les miró con amor. Usando la traducción de la palabra *manto* como *alas*, podemos empezar a entender que cuando Dios habla sobre extender su manto sobre su pueblo, se puede interpretar como que el Señor está extendiendo su talit sobre su pueblo. El Señor deja claro en este pasaje que su pueblo ha llegado a un lugar donde están listos para el amor y el compromiso.

Por tanto, Él extiende su talit sobre ellos de la misma forma que un marido extendería su talit sobre su novia durante una ceremonia de bodas judía. El Señor deja claro que está listo para hacer una promesa a su pueblo y establecer un pacto con ellos para que se conviertan verdaderamente en su pueblo y Él se convierta en su Dios. El acto de entrar en un pacto podría estar representado por medio de su manto, o alas (su talit con el tzitzit) cuando su pueblo aceptase sus mandamientos como estatuto perpetuo.

Otro fenómeno ligado a las alas del talit es la sanidad divina. Al mirar pasajes clave de las Escrituras, encontramos un vínculo significativo entre el talit y los relatos milagrosos de sanidad en el Nuevo Testamento.

En varios versículos del Nuevo Testamento podemos ver dónde es relevante esta traducción de los flecos como alas. Esta traducción es importante cuando consideramos el significado de la palabra usada para "borde" en el Nuevo Testamento: la palabra griega *kraspedon*, que también se traduce como "fleco" o "borla".[1]

> Y dondequiera que entraba, en aldeas, ciudades o campos, ponían en las calles a los que estaban enfermos, y le rogaban que les dejase tocar siquiera *el borde de su manto*; y todos los que le tocaban quedaban sanos.
>
> —MARCOS 6:56,
> ÉNFASIS AÑADIDO

> Cuando le conocieron los hombres de aquel lugar, enviaron noticia por toda aquella tierra alrededor, y trajeron a él todos los enfermos; y le rogaban que les dejase *tocar solamente el borde de su manto*; y todos los que lo tocaron, quedaron sanos.
>
> —MATEO 14:35-36,
> ÉNFASIS AÑADIDO

En estos relatos encontramos ocasiones donde la gente era sanada al tocar el borde (dando a entender que son las alas o flecos) del manto de Jesús. Se cree por lo general que Jesús, como judío ortodoxo, llevaba un talit. Por tanto, se ha enseñado generalmente que no era específicamente el borde del manto lo que la gente tocaba sino el tzitzit. La historia de la sanidad de una mujer en particular en el Nuevo Testamento se narra en tres de los Evangelios (Mateo 9:20-22; Marcos 5:25-34; Lucas 8:43-48), dándonos una idea sobre varios aspectos de la sanidad vinculados al tzitzit: las alas.

> Y he aquí una mujer enferma de flujo de sangre desde hacía doce años, se

le acercó por detrás *y tocó el borde de su manto*; porque decía dentro de sí: Si tocare solamente su manto, seré salva. Pero Jesús, volviéndose y mirándola, dijo: Ten ánimo, hija; tu fe te ha salvado. Y la mujer fue salva desde aquella hora.

—MATEO 9:20-22,
ÉNFASIS AÑADIDO

Pero una mujer que padecía de flujo de sangre desde hacía doce años, y que había gastado en médicos todo cuanto tenía, y por ninguno había podido ser curada, se le acercó por detrás *y tocó el borde de su manto*; y al instante se detuvo el flujo de su sangre. Entonces Jesús dijo: ¿Quién es el que me ha tocado? Y negando todos, dijo Pedro y los que con él estaban: Maestro, la multitud te aprieta y oprime, y dices: ¿Quién es el que me ha tocado? Pero Jesús dijo: Alguien me ha tocado; porque yo he conocido que ha salido poder de mí. Entonces, cuando la mujer vio que no había quedado oculta, vino temblando, y postrándose a sus pies, le declaró delante de todo el pueblo por qué causa le había tocado, y cómo al instante había sido sanada. Y él le dijo: Hija, tu fe te ha salvado; ve en paz.

—LUCAS 8:43-48,
ÉNFASIS AÑADIDO

¿Por qué se pararía esta mujer a tocar el tzitzit, las alas del manto de Jesús? ¿Por qué no sus manos, o sus pies? Queda claro que había oído sobre Jesús y sobre los milagros que habían sucedido. Quizá se dio cuenta de que no necesitaba tocarle ni que Él le tocase a ella, sino que tan sólo necesitaba tocar sus alas en fe, creyendo que sería sanada. Quizá el pasaje del Antiguo Testamento de Malaquías se convirtió en una realidad para ella en ese momento. Ante sus mismos ojos, no lejos de su tembloroso alcance, se había manifestado la personificación de esas antiguas palabras.

Mas a vosotros los que teméis mi nombre, *nacerá el Sol de justicia, y en sus alas traerá salvación;* y saldréis, y saltaréis como becerros de la manada.

—Malaquías 4:2,
énfasis añadido

Tan sólo a unos metros de sus vacilantes pasos estaba el Hijo de justicia, y ella creyó con todo su corazón que Él tenía *sanidad en sus alas* para ella en ese día.

Capítulo 9

El talit: la Palabra

ᴇN ᴇL ᴄᴀᴘíᴛᴜLᴏ previo vimos el relato de la mujer con el flujo de sangre. Había sufrido esa condición anómala de sangrado durante doce años. La historia de su sanidad es significativa también por otra razón. Cuando miramos más de cerca el relato de su sanidad (Mateo 9:18-25; Marcos 5:22-43; Lucas 8:43-56), nos damos cuenta de que había un diálogo en curso y que Jesús iba de camino a sanar a alguien cuando sanó a la mujer. Jairo, un principal de la sinagoga, se había acercado a Jesús para pedirle que fuera a sanar a su hija antes de que llegara la mujer.

> Mientras él les decía estas cosas, vino un hombre principal y se postró ante él, diciendo: Mi hija acaba de morir; mas ven y pon tu mano sobre ella, y vivirá. Y se levantó Jesús, y

le siguió con sus discípulos. Y he aquí una mujer enferma de flujo de sangre desde hacía doce años, se le acercó por detrás y tocó el borde de su manto.

—MATEO 9:18-20

Y vino uno de los principales de la sinagoga, llamado Jairo; y luego que le vio, se postró a sus pies, y le rogaba mucho, diciendo: Mi hija está agonizando; ven y pon las manos sobre ella para que sea salva, y vivirá. Fue, pues, con él; y le seguía una gran multitud, y le apretaban. Pero una mujer que desde hacía doce años padecía de flujo de sangre, y había sufrido mucho de muchos médicos, y gastado todo lo que tenía, y nada había aprovechado, antes le iba peor, cuando oyó hablar de Jesús, vino por detrás entre la multitud, y tocó su manto.

—MARCOS 5:22-27

Entonces vino un varón llamado Jairo, que era principal de la sinagoga, y postrándose a los pies de Jesús, le rogaba que entrase en su casa; porque tenía una hija única, como de doce años, que se estaba muriendo. *Y mientras iba, la multitud le oprimía.* Pero una mujer que padecía de flujo de sangre desde hacía doce años, y que había gastado en médicos todo cuanto tenía, y por ninguno había podido ser curada, se le acercó por detrás y tocó el borde de su manto; y al instante se detuvo el flujo de su sangre.

—LUCAS 8:41-44,
ÉNFASIS AÑADIDO

Es importante darse cuenta de que la Biblia no es un libro de coincidencias o accidentes. Cada palabra está divinamente inspirada por Dios. Por tanto, está comúnmente aceptado que a lo largo de toda la Biblia se dan detalles con el propósito de intentar guiar al lector a un punto específico. Una cosa en particular que captó mi atención fue el hecho de que la mujer con el flujo de sangre había padecido durante *doce años* y también que la hija de Jairo también tenía *doce años* (Marcos 5:42; Lucas 8:42). Eso me hizo pensar que estos dos eventos estaban divinamente ligados por alguna razón, y que definitivamente había algo más en esta historia.

Después de que la mujer fue sanada, Jesús continúa su camino con Jairo pero es interrumpido por un siervo de la casa de Jairo que le informa de que ya no es necesario que venga Jesús, pues su hija había muerto.

> Mientras él aún hablaba, vinieron de casa del principal de la sinagoga, diciendo: *Tu hija ha muerto; ¿para qué molestas más al Maestro?* Pero Jesús, luego que oyó lo que se decía, dijo al principal de la sinagoga: No temas, cree solamente.
>
> —MARCOS 5:35-36,
> ÉNFASIS AÑADIDO

Jesús le dice que no tema, sino que crea, y continúan su marcha hacia la casa. Al llegar a la casa, Jesús indica que salgan de la habitación todos los plañideros y los miembros de la familia en general, permitiendo que sólo Pedro, Santiago y Juan, y su madre y su padre pudieran entrar.

En este momento, vemos dónde la sanidad de la mujer con el flujo de sangre adquiere importancia. La clave está conectada con la acción del toque. Para entender la importancia del toque en este momento, primero tenemos que entender un aspecto concreto de la Ley judía. Según la Ley, alguien podía quedar ritualmente inmundo simplemente tocando o entrando en contacto con alguien o algo que fuera inmundo. La Ley especificaba que una mujer que sufría flujo de sangre era considerada inmunda, y los muertos eran considerados inmundos.

> Y la mujer, cuando siguiere el flujo de su sangre por muchos días fuera del tiempo de su costumbre, o cuando tuviere flujo de sangre más de su costumbre, todo el tiempo de su flujo será inmunda como en los días de su costumbre.
>
> —LEVÍTICO 15:25

> El que tocare cadáver de cualquier
> persona será inmundo siete días.
>
> —NÚMEROS 19:11

Por tanto, desde la perspectiva de la Ley,
la mujer no debería haber estado entre la
multitud que rodeaba a Jesús, ya que cualquiera
que entrara en contacto con ella también sería
considerado inmundo. Del texto podemos
desprender que cuando Jesús le pregunta a la
mujer, ésta claramente se avergüenza cuando
declara que, sin duda alguna, ha quebrantado
la Ley.

> Entonces la mujer, temiendo y
> temblando, sabiendo lo que en ella
> había sido hecho, vino y se postró
> delante de él, y le dijo toda la verdad.
> Y él le dijo: Hija, tu fe te ha hecho
> salva; ve en paz, y queda sana de tu
> azote.
>
> —MARCOS 5:25-34

> Entonces, cuando la mujer vio que
> no había quedado oculta, vino
> temblando, y postrándose a sus pies,

> le declaró delante de todo el pueblo
> por qué causa le había tocado, y
> cómo al instante había sido sanada.
> —LUCAS 8:47

Cuando esta mujer tocó el borde del manto de Jesús, Él hubiera sido considerado inmundo a ojos de la Ley. Esto es importante de notar, ya que Jesús más tarde entra en la habitación de la niña muerta (también considerada inmunda) y la toma de la mano. (Un rabino normalmente no haría eso, ya que tal acción le daría el apelativo de inmundo). El asunto de la limpieza y la inmundicia ya no era importante cuando Él llegó a la casa de Jairo, ya que Jesús ya había entrado en contacto con la mujer que tenía flujo de sangre.

Aquí vemos cómo una serie de eventos fluyen de la mano para llevar a Jesús a la habitación de la niña de doce años. El relato en los Evangelios de Marcos y Lucas parece concluir que la niña estaba tumbada muriendo. Jesús se dirigía a sanarla. Es interrumpido por la mujer con el flujo de sangre. El retraso desemboca en que el tiempo pasa y la niña muere en ese intervalo, así que Jesús ya no tenía que sanarla, sino resucitarla de los muertos. Seguro que la gente se maravillaría más porque una niña fuera levantada de los muertos que sanada de una enfermedad. Uno podría considerar que Dios había ordenado divinamente los acontecimientos para darle más gloria a Él.

> Y se burlaban de él. Mas él, echando fuera a todos, tomó al padre y a la madre de la niña, y a los que estaban con él, y entró donde estaba la niña. *Y tomando la mano de la niña, le dijo: Talita cumi*; que traducido es: Niña, a ti te digo, levántate. Y luego la niña se levantó y andaba, pues tenía doce años. Y se espantaron grandemente. *Pero él les mandó mucho que nadie lo supiese*, y dijo que se le diese de comer.
>
> —Marcos 5:40-43,
> énfasis añadido

Dentro de la habitación tiene lugar un evento milagroso que gira en torno a dos palabras: "Talita cumi", y el toque de la mano de

Jesús. *Talita cumi* es arameo y generalmente se interpreta como "niña, levántate" o "hija, a ti te digo, levántate".[1] Sin embargo, varios expertos en esta materia están de acuerdo en que hay más significado en estas dos pequeñas palabras de lo que en un principio se ha interpretado. Podríamos concluir también que, como sabemos que tenía doce años y bajo la ley judía ya era considerada una mujer, el énfasis en la traducción no sería "niña".

Los eruditos han sugerido que si Jesús hubiera querido decir: "niña, levántate", hubiera usado la palabra aramea *talya* y posiblemente la forma absoluta, *talyata*, no *talita*. La forma absoluta aramea de talit es *talita*. Una investigación más a fondo también sugiere que si Jesús hubiera querido decir "niña, levántate", hubiera dicho *talyata, qumi,* y no *talita cumi*.[2]

Un hecho clave que nos ayuda a llegar a una conclusión se encuentra en lo que era una práctica judía común en las circunstancias de la muerte. Es costumbre para un varón judío ser enterrado en su talit. También es costumbre que el cadáver de una mujer se cubriera con un talit mientras se le preparaba para el entierro.

Comenzamos a ver un significado más profundo en las palabras que dijo Jesús en ese día. Es probable que esta jovencita estuviera tumbada en su lecho de muerte cubierta en un talit o envuelta en un talit como mortaja, simbolizando el hecho de que su hija estaba bajo la mano del Todopoderoso y sujeta a sus tiernas misericordias. Su padre, al ser principal de una sinagoga, entendía el significado del talit y el tzitzit. Sabía que las promesas de Dios eran para traer sanidad y salud a los que se unieran a sus mandamientos y dedicaran su vida a Él. También deberíamos notar que al traducir *talita* también está conectado a las palabras para "cordero" y también para "cubrir".[3] Cuando tomamos en consideración el hecho de que la palabra *talita* también está conectada a "cubrir", llegamos a un entendimiento más revelador de las palabras *talita cumi*: jovencita (que está cubierta con el talit), levántate.[4] Dicha frase seguramente hubiera maravillado a los padres de la niña y garantizado la estipulación de Jesús de mantenerlo en secreto, especialmente cuando los versículos del Nuevo Testamento narran sólo tres ocasiones canónicas en las que Jesús resucitó a muertos.[5] Al hacer esa declaración y afirmarla con un milagro, Él había declarado su deidad (Él era Dios en carne) a todos los presentes, un hecho que no quería que se hiciera de dominio público, ya que su tiempo aún no había llegado.

Podemos mirar más profundamente la importancia espiritual de este milagro cuando consideramos que la niña estaba envuelta en un talit con tzitzit (representando los mandamientos de Dios o la Palabra de Dios) y que Jesús es el Cordero de Dios, la Palabra encarnada.

> En el principio era el Verbo, y el Verbo era con Dios, y el Verbo era Dios.
>
> —JUAN 1:1

> *Y aquel Verbo fue hecho carne*, y habitó entre nosotros (y vimos su gloria, gloria como del unigénito del Padre), lleno de gracia y de verdad.
>
> —JUAN 1:14,
> ÉNFASIS AÑADIDO

La escena que se presenta es única: Jesús, la Palabra de Dios manifestada, resucita a la hija de Jairo, que está envuelta en la Palabra. Esta es una verdad que como creyentes deberíamos entender: cuando a Dios se presenta su Palabra no puede hacer otra cosa que cumplirla y ser movido por ella.

Capítulo 10

Una nota final

CON LA CRECIENTE popularidad del talit entre los cristianos, se dice generalmente que los cristianos no deberían o no están obligados a llevar un talit o aceptar sus principios espirituales, ya que las leyes al respecto sólo se dieron a la nación judía y no a los gentiles. Aunque si bien es cierto que los cristianos no están obligados a sumarse a muchas de las leyes que prevalecen en la forma de vida judía, los méritos de muchas costumbres judías cobran importancia al considerar los eventos retratados en la Biblia en su contexto original. Por tanto, no es de extrañar que los cristianos se sientan atraídos a muchas de estas prácticas, ya que tienen sus raíces en la Biblia, la Santa Palabra de Dios.

Al contar con las promesas del Nuevo Testamento, cristianos de todo el mundo pueden disfrutar y beneficiarse de este rito sagrado.

> Porque todos los que son guiados por el Espíritu de Dios, éstos son hijos de Dios. Pues no habéis recibido el espíritu de esclavitud para estar otra vez en temor, sino que habéis recibido el espíritu de adopción, por el cual clamamos: ¡Abba, Padre!
>
> —ROMANOS 8:14-15

> Por tanto, es por fe, para que sea por gracia, a fin de que la promesa sea firme para toda su descendencia; no solamente para la que es de la ley, sino también para la que es de la fe de Abraham, el cual es padre de todos nosotros.
>
> —ROMANOS 4:16

> Así Abraham creyó a Dios, y le fue contado por justicia. Sabed, por tanto, que los que son de fe, éstos son hijos de Abraham. Y la Escritura, previendo que Dios había de

justificar por la fe a los gentiles,
dio de antemano la buena nueva
a Abraham, diciendo: En ti serán
benditas todas las naciones.

—GÁLATAS 3:6-8

Cristo nos redimió de la maldición
de la ley, hecho por nosotros maldición (porque está escrito: Maldito
todo el que es colgado en un madero)
para que en Cristo Jesús la bendición
de Abraham alcanzase a los gentiles,
a fin de que por la fe recibiésemos la
promesa del Espíritu.

—GÁLATAS 3:13-14

Cristianos de todo el mundo están disfru-
tando un tiempo especial de oración usando
sus talitot. Es asombroso que se pueda embutir
tanto simbolismo en una prenda. El talit sirve
como un recordatorio eterno de los mandamientos de Dios, su constante amor por su
pueblo, sus promesas, su protección divina y
su poder sanador.

Cada vez que ore con su talit, recuerde
que esta acción es simbólica de que se está

arropando con la Palabra de Dios. Oro para que la presencia divina del Espíritu Santo sea más real para usted cada vez que ore en su propia "tiendecita", y que cada vez que mire el tzitzit pueda acordarse de la Palabra de Dios y de obedecerla. Recuerde que el Dios al que sirve tiene sanidad en sus alas.

Notas

CAPÍTULO 1—¿QUÉ ES UN TALIT?

1. "Una lista de los 613 mitzvot," Judaísmo 101, http://www.jewfaq.org/613.htm (consultado el 5 de octubre de 2007).

2. Adam Barnett, "Los cuentos del talit," Articlesbase.com, http://www.articlesbase .com/religion-articles/the-tales-of-the-tallit -70679.html (consultado el 5 de octubre de 2007).

3. Shraga Simmons, "Geniza," Pregunta al rabino Simmons en About.com, http://judaism.about .com/library/3_askrabbi_o/bl_simmons_ geniza.htm (consultado el 5 de octubre de 2007).

CAPÍTULO 2—¿QUÉ ES EL TZITZIT?

1. *Strong's Exhaustive Concordance*, s.v. "tekelet (8504)" (Grand Rapids, MI: Associated Publishers and Authors, Inc.).

2. Levi bar Ido, "¿Por qué tanta problemática con las borlas?" http://www.bnaiavraham. net/newpage/tassels.pdf (consultado el 5 de octubre de 2007).

3. Ibíd.

4. Mois A. Navon, "Repaso histórico del Tjelet y el Hillazon," *P'til Tekhelet*, La asociación por la promoción y distribución del tekelet. http://www.tekhelet.com/timeline.htm (consultado el 5 de octubre de 2007).

5. "Macramé," Target Woman, http://www.targetwoman.com/articles/macrame.html (consultado el 8 de octubre de 2007).

6. "La palabras del talit," Rabbi Scheinerman's Home Page, http://www.scheinerman.net/judaism/tallit/ (consultado el 5 de octubre de 2007).

7. Ibíd.

Capítulo 3—¿Qué es el atarah?

1. Arba Kanfot, "Vistiendo el Tallit Katan," Hebreo para los cristianos, http://www.hebrew4christians.com/Blessings/Daily_Blessings/Tallit_Katan/tallit_katan.html (consultado el 5 de octubre de 2007).

2. The Three Arches Company, Ltd., HolyLandShopping.com, s.v. "El manto de oración del nuevo pacto." http://holylandshopping.com/product_info.php?cpath=23_62&products_id=38 (consultado el 5 de octubre de 2007).

Capítulo 4—El uso de un talit

1. "Bar Mitzvah, Bat Mitzvah, y la Confirmación," Judaismo 101, http://www.jewfaq.org/barmitz.htm (consultado el 8 de octubre de 2007).

2. "Kol Nidrei," http://www.iyyun.com/holidays/YomKippur/Kol%20Nidrei.html.

3. "Simchat Torah," Hebreo para cristianos, http://www.hebrew4christians.com/Holidays/Fall_Holidays/Simchat_Torah/simchat_torah.html (consultado el 5 de octubre de 2007).

4. *Strong's Exhaustive Concordance*, s.v. "phylactery (5440)" (Grand Rapids, MI: Associated Publishers and Authors, Inc.).

Capítulo 5—El talit: la cubierta

1. Mordechai Becher, "La ceremonia de bodas judía," OHR.edu., http://ohr.edu/yhiy/article.php/1087 (consultado el 5 de octubre de 2007).

2. "¿Qué ocurre durante una boda judía?" Usenet FAQ, http://www.faqs.org/faqs/judaism/FAQ/04-observance/section-65.html (consultado el 8 de octubre de 2007).

CAPÍTULO 6—EL TALIT: EL MANTO

1. YahChannah Wolf, "¡Gentil, no estudie la Torá!" Qumran Bet Community, http://www.qumran.com/do_not_study_torah_gentile.htm (consultado el 8 de octubre de 2007).

2. "Lecturas de la Torá" Judaismo 101, http://www.jewfaq.org/readings.htm (consultado el 8 de octubre de 2007).

3. "Mantos de la Torá," Harwin Studios, http://www.harwinstudios.com/commissions/torah.php (consultado el 8 de octubre de 2007).

CAPÍTULO 7—EL TALIT: UNA TIENDECITA

1. *Strong's Exhaustive Concordance*, s.v. "tal (2919)" (Grand Rapids, MI: Associated Publishers and Authors, Inc.).

2. *Strong's Exhaustive Concordance*, s.v. "ith (6996)" (Grand Rapids, MI: Associated Publishers and Authors, Inc.).

3. *TheFreeDictionary.com*, s.v. "tallis." http://www.thefreedictionary.com/tallis (consultado el 8 de octubre de 2007).

4. "Una pequeña tienda, un lugar de oración." Highland ShepherdResources, http://www.msgr.ca/msgr-8/Prayer_Shawls_2.htm (consultado el 8 de octubre de 2007).

Capítulo 8—El talit: las alas

1. *Strong's Exhaustive Concordance*, s.v. "kraspedon (2899)" (Grand Rapids, MI: Associated Publishers and Authors, Inc.).

Capítulo 9—El talit: la Palabra

1. John D. Garr, "El borde de su manto," The Restoration Foundation. http://www .restorationfoundation.org/goldenkey/hem_ 13.htm (consultado el 8 de octubre de 2007).

2. Ibíd.

3. *Strong's Exhaustive Concordance*, s.v. "talitha (5008)," "taleh (2924)," y "tela (2922)" (Grand Rapids, MI: Associated Publishers and Authors, Inc.).

4. Gary Collet y Debra Collet, "Talit—el manto judío de oración" Jews 4 Jesus. http://www .jews4jesus.co.uk/scripture/talit_shawl.html (consultado el 8 de octubre de 2007).

5. "Milagros de Jesús," AboutBibleProphesy .com, http://www.aboutbibleprophecy.com/ miracles.htm (consultado el 8 de octubre de 2007).

El obispo JOHN FRANCIS es el fundador y pastor principal de Ruach Ministries (Brixton, South London), una de las iglesias más grandes y de más rápido crecimiento en el Reino Unido, con una asistencia de más de 5,000 personas. Fue uno de los galardonados con el premio de la British Gospel Association (BGA) a la contribución a la música góspel y a la serie de televisión góspel del año (como copresentador del programa de televisión góspel del Reino Unido, *People, Get Ready!*). El obispo Francis es el autor de *Is There a Word From the Lord?*; *What Do You Do When You Are Left Alone?*; *10 Steps to Get Out of Debt*, y *The Pastors & Church Workers Handbook*. Ha grabado tres CD's titulados *Finally, Bishop John Francis*; *One Lord, One Faith*; *Manifestation of the Promise*; y su último CD: *Welcome in This Place*. El obispo Francis está casado con la copastora Penny, quien ha trabajado a su lado a lo largo de su ministerio. Tienen tres hijas: Juanita, Teleisa y Charisa.